# Common Birds
of
Egypt

*by*
**Bertel Bruun**
*illustrated by*
**Sherif Baha el Din**

*The American University in Cairo Press*

Published with assistance from
United States Fish and Wildlife Service,
the Holy Land Conservation Fund
and BP Petroleum Development Limited (Egypt Branch)

**Sixth priniting 1988**

ISBN 977 424 062 6
Dar el Kutub No. 2060/85
*Cover: Lanner Falcon*

# Contents

Foreword                                5
Acknowledgments                         5
Introduction                            7
Conservation                            8
Birdwatching                            9
References                              9
List of species treated in the book    10
Descriptions and plates                 12

# Foreword

This is a most welcome publication. It provides brief bilingual notes on each of the most common birds of Egypt. These notes, together with the informative illustrations, will help the users of this book to identify birds that they observe. The nature conservation community in Egypt has noted the dearth of books which might help schools and youth clubs initiate and promote an interest in natural history and the outdoor activities associated with our habitat. Now Dr Bertel Bruun and Sherif Baha el Din have come forward with this book that will enable many schools to start birdwatching societies and encourage pupils interested in bird drawing. It is hoped that this book will have sequels, dealing with other common and less common birds and with other groups of animals and plants, which will provide the much-needed material for filling a serious gap in our educational instruments. We are grateful to the author, the artist and to all those individuals and institutions who made the publication of this book possible.

M. Kassas

*Chairman, Environmental Research Council,*
*Academy of Scientific Research and Technology*

*Cairo, May 1984*

# Acknowledgments

This book is the result of a remarkable cooperative effort by the agencies listed on the copyright page. Its purpose is to help identify the one hundred most commonly seen birds in Egypt and to stimulate interest in birds. All in all about 430 different species of birds have been recorded in Egypt. Of these about 150 are known to breed within Egypt.

It is hoped that this little volume will inspire some to take up the study of birds and many to start to enjoy the birds surrounding us. In our work to produce this book we have received generous help and support from many persons; especially David A. Ferguson, Salah Galal, Dr. Hassan Hafez, Dr. Moustapha Kamel Helmy, Dr. Hassan Ismail, Dr. Mohammed Kassas, Lawrence N. Mason, Peter L. Meininger and Wim C. Mullié. We want to express our gratitude to these and others.

# Introduction

Egypt occupies an area of one million square kilometers at the north eastern corner of the African continent. It enjoys a strategic geographical position as a bridge between continents with long coasts on both the Mediterranean and the Red Sea, and the topography of its land varies from high rugged mountain ranges to absolutely flat sand sheets and immense depressions.

A wide variety of habitats are found in Egypt, whose diversity is great and sometimes striking as in the great contrast of the Nile valley and Delta with its surrounding deserts. Egypt as a whole lies in the heart of one of the most arid areas of the world, but the special geography and topography of the land has allowed a unique combination of habitats to evolve.

The combination of both the geographical position and the great diversity of habitats in Egypt makes it of particular importance to many types of bird life.

Of the 430 bird species occurring in Egypt about 150 are resident breeding birds; the rest are either migratory or winter visitors. The resident birds of Egypt belong mainly to two zoogeographical regions: the Palaearctic and the Ethiopian. Most of the resident breeding birds are confined to the lush green area of the Nile valley and delta and to some of the Western desert oases. These consist mainly of song birds and water birds.

The mountains of Sinai and the Eastern desert hold many resident birds, mostly birds of semi-desert with a few typical mountain birds. Many of the breeding birds of prey are also found there.

The Red Sea with its rich ecosystem offers suitable habitat for 15 breeding species of waterbirds and seabirds.

Birds adapted to desert life inhabit wide areas of the Egyptian desert. Birds like the Hoopoe Lark and the Bar-tailed Desert Lark are found throughout most of the Egyptian desert and are specially adapted to live under the harshest desert conditions.

The unique geographical position of Egypt, acting as a bridge between the continents of Europe, Asia and Africa, is the reason why so many migrating birds are concentrated in this area.

Each autumn and spring thousands of millions of migrating birds pass through Egypt, on their flight between Scandinavia, Eastern Europe, the Balkans, Siberia, and Central Asia, to or from Eastern and Southern Africa.

Soaring birds like the larger raptors, storks and pelicans, have clearly defined migratory routes using hot air updrafts (thermals) suitable for soaring. Thermals do not develop over water and short sea-crossings are preferred. The Red Sea and the Mediterranean act as a barrier for soaring birds, so huge numbers of soaring birds are concentrated in the Sinai where the only link between Eurasia and Africa occurs.

In winter Egypt hosts a multitude of birds, and it is particularly important to wintering waterbirds, as the northern Delta lakes act as a major refuge for many species of ducks and waders wintering in the Mediterranean.

This book has been designed to help identify the commoner birds of different types of habitats by illustrating a wide selection of them, in colour.

The simple text aims to give a general introduction to the habitat, distribution and status of each species.

# Conservation

With rapid development, special measures must be taken to protect the environment, not least birds. Many species have disappeared from Egypt and more are threatened. The number of breeding birds of prey has become greatly diminished because of excessive use of rodenticides and insecticides. Hunting is reducing the number of ducks and other larger birds. Uncontrolled trapping of quail diminshes the population of this species and the illegal capture of falcons further endangers species which are already dramatically declining. Habitats, especially wetlands, are being destroyed by drainage projects. To limit the damage modern laws for the protection of birds are being instituted and more efficient enforcement of these laws implemented. To protect especially vulnerable areas, National Parks and Wildlife Preserves are being created. Most important though is a public awareness of the dangers to our environment and, through that, to ourselves. This book hopes to nourish this awareness.

# Birdwatching

To look at birds and to study their ways offers great pleasure. Anyone can do it, and birds occur virtually everywhere. The birds in a certain area vary from month to month and even short excursions to neighboring areas may offer the opportunity to see different species. The only equipment needed for birdwatching is keen eyes and ears. Binoculars are very helpful and the more experienced birdwacher will want a guide which includes all of the birds of Egypt (see *References*).

Birdwatching is a hobby which can be enjoyed by people of all ages, and it is rewarding for all, from the rank beginner to the expert.

If you would like to know more about the birds or other wildlife of Egypt, please contact the following:

The Director
Egyptian Wildlife
Cairo Zoological Gardens
Giza, Egypt

President
Ornithological Society of Egypt
c/o Sherif Baha el Din
4 Ismail el Mazni, Flat 8
Heliopolis
Cairo, Egypt

# References

Heinzel, H., R. Fitter and J. Parslow: *The Birds of Britain and Europe with North Africa and the Middle East.* London 1972.
The only guide which includes descriptions of all Egyptian birds (in English).
Meinertzhagen R.: *Nicoll's Birds of Egypt.* London 1930.
The classical work on Egyptian birds, but now out-dated and rare (in English).
El Nagoumi Pasha, A., E.F. Zain el Din, M. Abd el Menaim el Monery and M.K. Fayed: *El Touyour el Masria* (Birds of Egypt). Cairo 1950.
The only book on Egyptian birds in Arabic. Somewhat outdated and rare (in Arabic).
Meininger, P.L. and W.C. Mullié: *The Significance of Egyptian Wetlands for Wintering Waterbirds.* New York, 1981.
Contains up-to-date list of Egyptian birds and information on Wetlands and conservation (in English with Arabic summary).

# List of Species In This Book

*Plate 1*

Great Crested Grebe
Black-necked Grebe
Cormorant
White Pelican
White Stork
Greater Flamingo

*Plate 2*

Squacco Heron
Cattle Egret
Western Reef Heron
Little Egret
Grey Heron
Purple Heron

*Plate 3*

Egyptian Goose
Wigeon
Teal
Pintail
Garganey
Shoveller
Pochard

*Plate 4*

Honey Buzzard
Black-shouldered Kite
Black Kite
Egyptian Vulture
Marsh Harrier
Buzzard
Long-legged Buzzard
Osprey

*Plate 5*

Kestrel
Lanner
Sand Partridge
Quail
Water Rail
Moorhen
Purple Gallinule
Coot

*Plate 6*

Crane
Stone-curlew
Senegal Thick-knee
Cream-coloured Courser
Ringed Plover
Kentish Plover
Greater Sand Plover

*Plate 7*

Spur-winged Plover
Lapwing
Little Stint
Dunlin
Common Sandpiper
Snipe
Painted Snipe

*Plate 8*

White-eyed Gull
Black-headed Gull
Slender-billed Gull
Herring Gull
Caspian Tern
Common Tern
Little Tern
White-cheeked Tern

*Plate 9*

Spotted Sandgrouse
Rock Dove
Turtle Dove
Laughing Dove
Senegal Coucal
Barn Owl
Little Owl


*Plate 10*

Pallid Swift
Kingfisher
Pied Kingfisher
Little Green Bee-eater
Blue-cheeked Bee-eater
Bee-eater
Hoopoe


*Plate 11*

Bar-tailed Desert Lark
Hoopoe Lark
Short-toed Lark
Crested Lark
Sand Martin
Rock Martin
Swallow
Tawny Pipit
Red-throated Pipit


*Plate 12*

Yellow Wagtail
Pied Wagtail
Common Bulbul
Rufous Bush Robin
Bluethroat
Redstart
Stonechat
Isabelline Wheatear
Wheatear
Mourning Wheatear
White-crowned Black Wheatear


*Plate 13*

Song Thrush
Fan-tailed Warbler
Graceful Warbler
Clamorous Reed Warbler
Olivaceous Warbler
Sardinian Warbler
Lesser Whitethroat
Chiffchaff
Nile Valley Sunbird
Golden Oriole


*Plate 14*

Red-backed Shrike
Great Grey Shrike
Masked Shrike
Carrion Crow
Brown-necked Raven
Starling
House Sparrow
Goldfinch
Linnet
Corn Bunting

The figures which follow the name of the bird in the description represent its length in centimeters from bill to tail. The letters which follow the numbers on the plates signify: m—male; f—female; s—summer; w—winter; a—adult; i—immature.

# صورة (١)

1. GREAT CRESTED GREBE *Podiceps cristatus 48*
Uncommon breeding bird in delta lakes. Winter visitor in the delta region and in Lake Qarun. In summer prominent ear-tufts orange-tinged. Exellent diver which lives on fish.
2. BLACK-NECKED GREBE *Podiceps nigricollis 30*
Common winter visitor to saline coastal lagoons, Suez Canal area and Lake Qarun. In summer plumage and ear-tufts are orange, flanks rusty. Excellent diver.
3. CORMORANT *Phalacrocorax carbo 90*
Uncommon winter visitor to shores and lagoons of the northern Suez Canal area. Immature is grayish-brown with light underside. Flies in V-formation or lines. Lies low in water and dives for fish.
4. WHITE PELICAN *Pelecanus onocrotalus 150*
Uncommon winter visitor to inland waters and regular passage-migrant. Immature is pale brown with lighter underside. Often in flocks. Lives on fish scooped into enormous bill.
5. WHITE STORK *Ciconia ciconia 100*
Common passage-migrant in autumn and spring, especially south Sinai, Hurghada and Nile south of Qena. Incidentally Nile Delta. Often soars in large flocks. Bill and legs red. Lives on insects and small animals.
6. GREATER FLAMINGO *Phoeniocopterus ruber 125*
Regular winter visitor and sometimes breeding bird in some northern lagoons. Often in saline areas, rare elsewhere. Very long legs and pink plumage make it unmistakable. Often in flocks. Lives on small animals caught by skimming and sifting shallow water.

**غطاس متوج ٤٨ :** طائر مقيم ، غير شائع فى بحيرات الدلتا الشمالية ، وهو أيضا زائر شتوى إلى منطقة الدلتا ، و بحيرة قارون . فى الصيف ينمو الريش على الرأس مكونا ما يشبه التاج ، وهو طائر يستطيع السباحة والغطس بمهارة بالغة ، و يتغذى على الأسماك .
**غطاس أسود الرقبة ٣٠ :** زائر شتوى شائع إلى الخلجان الساحلية ، والبحيرات شبة المالحة ، كبحيرة قارون ومنطقة قناة السو يس . فى الصيف تصبح غطائيات الأذن برتقالية اللون ، والخاصرتين صدئية اللون ، وهو غطاس ماهر .
**غراب البحر ٩٠ :** زائر شتوى شائع الى شواطىء وخلجان شمال منطقة قنال السو يس ، طائر يافع لونه بنى ترابى . يطير فى اسراب على شكل حرف V أو فى خطوط مستقيمة . يطير على ارتفاع منخفض جداً فوق الماء و يغطس ليتغذى على الاسماك .
**بجع أبيض ١٥٠ :** زائر شتوى إلى المياه الداخلية ، ومهاجر شائع . الطائر اليافع لونه بنى باهت والاجزاء التحتية افتح . يرى غالبا فى جماعات . وهو يتغذى على الاسماك التى يغترفها بمنقاره الضخم .
**لقلق أبيض ١٠٠ :** طائر مهاجر شائع فى وقت الهجرة ، وترى أعدادة الكبيرة فى جنوب سيناء ، ومنطقة الغردقة ووادى النيل جنو بى قنا ، وفى بعض الأحيان يرى فى الدلتا . وهو غالبا يتجمع فى أسراب ضخمة . و يتغذى على الحشرات والحيوانات الصغيرة .
**بشاروش ١٢٥ :** زائر شتوى غير شائع وقد يتوالد فى بعض الأحيان فى البحيرات الشمالية ، وهو غالبا يعيش فى المياة المالحة ، ونادراً فى المياة العذبة . و يتميز بطول أرجله ورقبته البالغة الطول ولونه الوردى يجعله متميزاً عن باقى الطيور . يرى أحياناً فى أسراب ، و يتغذى على الكائنات الدقيقة التى يتصيدها من المياة الضحلة بمنقاره الشبيه بالمصفاة .

1w

1s

2w

2s

4

4

3

6

6

5

5

SHERIFBAHA

## Plate 2 صورة (٢)

1. SQUACCO HERON *Ardeola ralloides 46*
Rare breeding bird but rather common passage migrant and winter visitor in marshes, lagoons and swamps. Darkish body contrasts with white wings and tail. Rather secretive and nocturnal in habits. Lives on fish and other aquatic animals.
2. CATTLE EGRET *Bubulcus ibis 51*
Abundant resident breeding bird nesting colonially in trees near habitation (e.g. Giza Zoo). Buffy feathers on crown, back and breast during breeding season. Feeds on insects in fields, often in association with cattle and usually in flocks.
3. WESTERN REEF HERON *Egretta gullaris 56*
Common resident breeding bird on coral reefs along the Red Sea. White phase resembles Little Egret, but is longer necked with paler bill. Black phase unmistakable, with white throat. Feeds on fish.
4. LITTLE EGRET *Egretta garzetta 56*
Common winter visitor and rarer breeding resident in lagoons and marshes. Almost never on reefs. Bill is black. Lives on fish.
5. GREY HERON *Ardea cinerea 92*
Common year round in lagoons and marshes in the delta region and northern Sinai. Very large. All herons and egrets fly with neck curled back in S-shape. Lives on fish.
6. PURPLE HERON *Ardea purpurea 79*
Common passage migrant found in lagoons and marshes. Resembles the larger Grey Heron but has darker, more reddish plumage. Lives on fish.

**واق أبيض ٤٦ :** طائر مقيم ، و يتوالد فى أعداد صغيرة ، كذلك شائع كطائر مهاجر. و يرى فى مناطق الستنقعات والبرك ، فى الطيران يتميز الطائر بلون الجسم الداكن المتباين مع لون الجناحين والذيل الأ بيض ، وهو طائر خجول ينشط ليلا ، و يتغذى على الأسماك والكائنات المائية الاخرى .

**أبو قردان ٥١ :** طائر شائع جداً ، مقيم ، و يتوالد فى جماعات على الأشجار الكبيرة قرب أماكن الغذاء (مثال : حديقة الحيوان بالجيزة) . فى وقت التناسل يتميز الطائر بالريش الصدئى على قمة الرأس والظهر والصدر. تتغذى اسرابه على الحشرات فى الحقول وغالبا ما يطلق عليه أسم «صديق الفلاح» .

**بلشون الصخر ٥٦ :** طائر مقيم ، وشائع فى مناطق الشعاب المرجانية بالبحر الاحمر. الصورة البيضاء من هذا الطائر تشابه البلشون الأ بيض ، غير ان رقبته أطول ومنقاره أبهت لوناً ، والصورة السوداء سهل التعرف عليها إلا أنه أقل شيوعاً من الاول. يتغذى على الأسماك .

**بلشون أبيض ٥٦ :** طائر مقيم غير شائع ، وزائر شتوى شائع فى المستنقعات والبحيرات العذبة و يتميز بمنقاره الأسود. يتغذى على الأسماك .

**بلشون رمادى ٩٢:** طائر شائع طوال العام ، وقد يتوالد فى مصر. يرى فى البحيرات والمستنقعات ، وكذلك على شاطىء البحر ، وهو طائر كبير الحجم . يلاحظ ان كل البلشونيات عند الطيران تطوى رقبتها الطو يلة على شكل حرف (S) . يتغذى على الأسماك .

**بلشون أرجوانى ٧٩ :** طائر مهاجر شائع ، و يرى فى جميع المستنقعات والبحيرات فى وقت الهجرة ، يشابه البلشون الرمادى الأكبر حجماً ، ولكن لونه أكثر حمرة ، يتغذى على الأسماك .

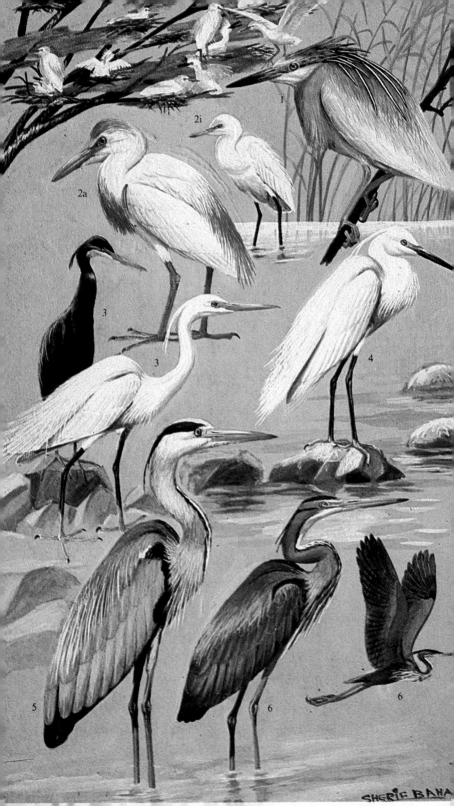

1
2i
2a
3
3
4
5
6
6
SHERIF BAHA

## Plate 3 صورة (٣)

1. EGYPTIAN GOOSE *Alopochen aegyptiacus 71*
Uncommon resident breeding bird of lakes and marshes. Large white area on wing obvious in flight. Usually in pairs or small flocks.
2. WIGEON *Anas penelope 46*
Common passage migrant and winter visitor to lakes, lagoons and marshes. White forewing of drake obvious in flight. Female has less white. Usually in flocks, often quite large.
3. TEAL *Anas crecca 36*
Common passage migrant and winter visitor to lakes, lagoons and marshes. Drake has reddish head with green eyestripe and a white stripe along the wing. Both sexes have green speculum. Usually in small flocks.
4. PINTAIL *Anas acuta 71*
Common passage migrant and winter visitor to lakes, lagoons and marshes. Notice long tail of drake and slender shape and brown speculum of both sexes. Usually in small flocks.
5. GARGANEY *Anas querquedula 38*
Very common passage migrant to lakes, lagoons and marshes. Notice white stripe over eye and blue forewing of drake. Usually in small flocks.
6. SHOVELLER *Anas clypeata 51*
Rather common passage migrant and winter visitor to lakes, lagoons and marshes. Usually in small flocks.
7. POCHARD *Aythya ferina 46*
Rather common passage migrant and winter visitor to lakes, lagoons and bays. Notice grey wingstripe of both sexes. Usually in small flocks. Dives for food.

**أوز مصرى ٧١ :** طائر مقيم غير شائع ، و يتوالد فى البحيرات والمستنقعات (بحيرة ناصر)، و يتميز فى طيرانه بمقدمة الجناح البيضاء ، يرى غالبا فى أزواج أو أسراب صغيرة .
**بط صواى ٤٦ :** طائر مهاجر شائع ، وكذلك زائر شتوى إلى البحيرات والبرك ، مقدمة الجناح البيضاء تميز الذكر. يرى غالبا فى أسراب كبيرة .
**بط شرشير ٣٦ :** زائر شتوى شائع ومهاجر، يرى فى المستنقعات والبرك والبحيرات ، يتميز الذكر برأسه المائلة للحمرة ، والشريط الأخضر المار بالعين والخط الأبيض المار بالجناح . يرى غالبا فى أسراب صغيرة أو أزواج .
**بط بلبول ٧١ :** زائر شتوى شائع ومهاجر، يرى فى البحيرات والبرك ، يتميز الذكر بالرأس الداكنة وذيله الطويل المدبب . يوجد فى أسراب صغيرة .
**بط شرشير صيفى ٣٨ :** طائر مهاجر فى أعداد ضخمة ، و يرى فى البحيرات والبرك . لاحظ الخط الأبيض على جانبى رأس الذكر، ومقدمة جناحه الزرقاء . يرى غالبا فى أسراب صغيرة .
**بط كيش ٥١ :** زائر شتوى شائع ومهاجر يرى فى البحيرات والبرك ، غالبا فى أزواج أو أسراب صغيرة .
**بط حمراى ٤٦ :** أقل شيوعاً من سابقيه ، وهو زائر شتوى ومهاجر، و يرى فى البحيرات والبرك والخلجان ، يتميز الذكر برأسه الصدئى اللون ، والجناح الرمادى فى الجنسين . يرى غالبا فى أسراب صغيرة ، و يغطس ليحصل على غذاءه .

3m
1
1
3m
3f
2m
2f
2m
4m
4f
4m
5m
5f
5m
7m
7f
7m
6m
6f
6m
SHERIF BA

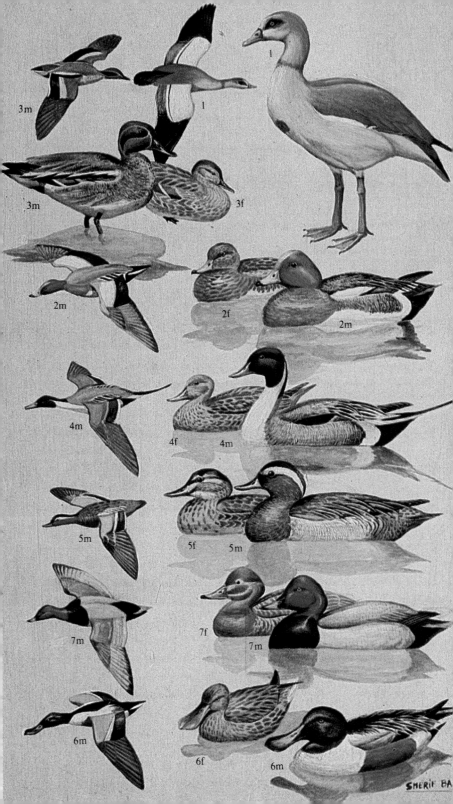

## *Plate 4* صورة (٤)

1. HONEY BUZZARD *Pernis apivorus 55*
Common passage migrant. Plumage variable and it is best told from other buzzards by double dark band near base of tail. Usually in soaring flocks, "kettles". Lives on bees and wasps.
2. BLACK-SHOULDERED KITE *Elanus caeruleus 33*
Uncommon resident breeding bird usually found near water. Black forewing diagnostic. Hovers. Lives on insects.
3. BLACK KITE *Milvus migrans 55*
Common resident breeding bird near towns and villages. Common passage migrant and winter visitor. Notice forked tail. Lives on carrion, small animals and sometimes fish.
4. EGYPTIAN VULTURE *Neophron percnopterus 65*
Uncommon resident breeding bird and passage migrant. Immatures have dark plumage. Lives on carrion.
5. MARSH HARRIER *Circus aeroginosus 53*
Rather common passage migrant and winter visitor to marshes and fields. Flies low over the ground with wings held in shallow V. Lives on rodents.
6. BUZZARD *Buteo buteo 53*
Common passage migrant and winter visitor. Plumage variable. Tail barred. Often in soaring flocks. Eat rodents.
7. LONG-LEGGED BUZZARD *Buteo rufinus 60*
Uncommon resident breeding bird of mountains, common passage migrant and winter visitor. Tail unbarred.
8. OSPREY *Pandion haliaetus 60*
Uncommon resident breeding bird and more common passage migrant and winter visitor. Always near water. Eats fish.

**حوام النحل ٥٥ :** طائر مهاجر شائع ، يختلف لون الأفراد اختلافا كبيرا ، وأكثر ما يميزه عن الصقور الحوامة الاخرى هو وجود شريط داكن مزدوج قرب قاعدة الذيل . و يرى غالبا فى أسراب محلقة . يتغذى على النحل والزنابير.

**كوهية ٣٣ :** طائر مقيم وغير شائع . يوجد غالبا بجوار المسطحات المائية . مقدمة الجناح السوداء مميزة لهذا الطائر. يتغذى على الحشرات .

**حدأة سوداء ٥٥ :** طائر مقيم شائع بجوار المدن والقرى ، مهاجر شائع ، وزائر شتوى . لاحظ الذيل المشقوق . يتغذى على الجيف والحيوانات الصغيرة وأحياناً على الأسماك .

**رخمة مصرية ٦٥ :** طائر مقيم غير شائع ومهاجر. الطائر اليافع لون ريشه داكن . يتغذى على الحيوانات الميتة والجيف .

**مرزة المستنقعات ٥٣ :** طائر مهاجر شائع ، وزائر شتوى ، حيث يوجد فى المستنقعات والحقول الواسعة . يطير على ارتفاع منخفض و يبدو الجناحان فى الطيران على شكل حرف (V) منفرج . و يتغذى على القوارض .

**صقر حوام ٥٣ :** طائر مهاجر شائع وزائر شتوى . يختلف لون الريش من فرد إلى آخر. لاحظ ان الذيل مخطط. يرى غالبا فى أسراب محلقة ، و يتغذى على القوارض .

**صقر جراح ٦٠ :** طائر مقيم غير شائع فى المناطق الجبلية ، ومهاجر وزائر شتوى شائع . لاحظ أن الذيل غير مخطط. يتغذى على القوارض .

**عقاب نسارية ٦٠ :** طائر مقيم غير شائع ، وأكثر شيوعاً فى الهجرة . يرى دائما بجوار الماء حيث يتغذى على الأسماك .

7
6
3
1
1
2
2
5f
5m
4
4
8
SHERIF BAH
82

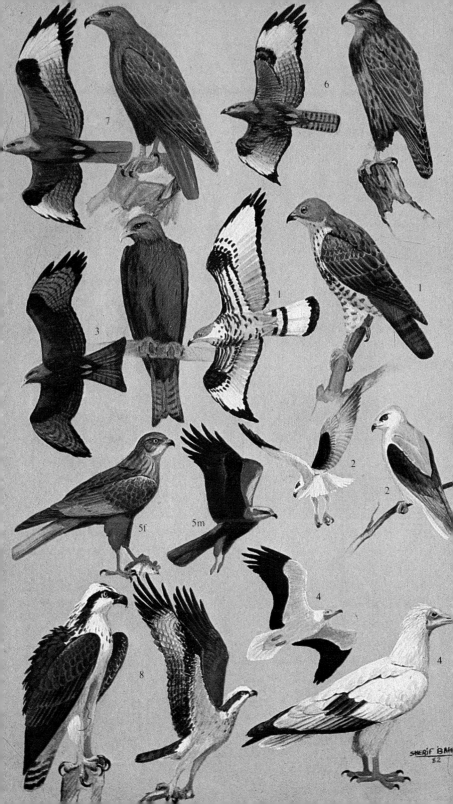

## *Plate 5* صورة (٥)

1. KESTREL *Falco tinnuculus 31*
Common resident breeding bird and winter visitor often found near villages. Often hovers. Eats rodents and insects.
2. LANNER *Falco biarmicus 43*
Uncommon resident breeding bird of mountains and plains. Flies very fast. Catches medium sized and small birds in flight.
3. SAND PARTRIDGE *Amnoperdix heyi 24*
Rather common resident breeding bird of stony deserts. Wingfeathers make rattling sound. Usually in pairs.
4. QUAIL *Coturnix coturnix 18*
Common passage migrant especially along the Mediterranean where it is caught in nets during the fall. Much less evident on spring migration.
5. WATER RAIL *Rallus aquaticus 28*
Rather common resident breeding bird in delta region and winter visitor to other areas with marshes and reedbeds. Secretive. The grunting call is often heard at night.
6. MOORHEN *Gallinula chloropus 33*
Common in ponds, lakes and rivers with shore vegetation. Short tail is often jerked. Swims well. Rarely dives.
7. PURPLE GALLINULE *Porphyrio porphyrio 48*
Rather common resident breeding bird in reedbeds. Immatures paler than adults. Rather secretive in habits.
8. COOT *Fulica atra 38*
Common resident breeding bird in delta region and very common winter visitor to lakes and lagoons. Swims and dives well. Outside breeding season in flocks.

**صقر الجراد ٣١ :** طائر مقيم شائع ، زائر شتوى شائع . يرى فى المدن و بجوار القرى . يتغذى على القوارض والحشرات .

**صقر حـــر ٤٣ :** طائر مقيم غير شائع فى المناطق الجبلية والسهول . وهو قوى سريع الطيران ، يتغذى على الطيور المتوسطة والصغيرة الحجم التى يمسكها فى أثناء طيرانه .

**حجل الرمل ٢٤ :** طائر مقيم شائع فى الصحارى الصخرية . يصدر ريش الجناح صفير مميزاً فى أثناء الطيران . يرى غالبا فى أزواج .

**سمـــان ١٨ :** طائر مهاجر شائع ، خاصة على ساحل البحر المتوسط، حيث يصاد بالشباك فى فصل الخريف ، ولكنه أقل شيوعاً فى هجرة الربيع .

**مرعة الماء ٢٨ :** طائر مقيم ، شائع فى الدلتا ، وزائر شتوى لمناطق أخرى ، حيث توجد المستنقعات ومناطق الغاب . وهو طائر خجول ، له صوت يشبه النهيق يسمع ليلا .

**دجاجة الماء ٣٣ :** طائر مقيم ، شائع فى البرك والبحيرات والترع حيث توجد النباتات المائية . يرفع ذيله القصير فى حركة دائمة مميزة . وهو سباح ماهر ، ونادراً ما يغطس .

**دجاجة الماء الارجوانية ٤٨ :** طائر مقيم ، شائع فى المستنقعات ومناطق الغاب . والطيور اليافعة أبهت لوناً من الكبار . وهو طائر خجول لا يظهر إلا نادراً .

**الغـــر ٣٨ :** طائر مقيم شائع ، وزائر شتوى شائع جداً فى البحيرات والبرك الكبيرة . يسبح و يغطس بمهارة ، و يرى فى أسراب كبيرة بعد موسم التزاوج .

1f
1m
1m
1f
2
2
3f
3m
4m
4f
5
6a
6i
7
8i
8a
SHRIF BAHA

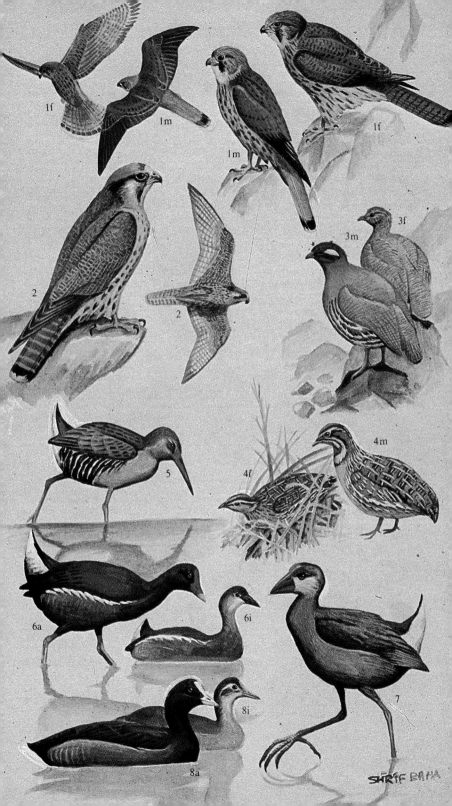

Plate 6    صورة (٦)

1. **CRANE** *Grus grus 110*
Rather common passage migrant occurring in open fields and marshes.  Flies with neck
outstretched.  Usually seen in flocks.  Call is trumpet-like.
2. **STONE CURLEW** *Burhinus oedicnemus 41*
Rather common resident breeding bird and passage migrant in semideserts and dry fields.
Note two white and black bars on wing.  Call is a highpitched cry often heard at night.
3. **SENEGAL THICK-KNEE** *Burhinus senegalensis 38*
Common resident breeding bird in orchards and gardens.  Smaller than Stone Curlew with
only one white wing bar.  Call, often heard at night, is more nasal than that of Stone Curlew.
4. **CREAM-COLOURED COURSER** *Cursorius cursor 23*
Common resident breeding bird of the desert.  Black wingtips and underwings obvious in
flight.  Usually seen singly or in pairs.
5. **RINGED PLOVER** *Charadrius hiaticula 18*
Common passage and winter visitor on mudflats and beaches.  Immatures do not always have
complete breastband.  Notice yellow legs.  Often in small flocks.
6. **KENTISH PLOVER** *Charadrius alexandrinus 18*
Common resident breeding bird and winter visitor to sandy beaches.  Notice incomplete
breastband and black legs.
7. **GREATER SANDPLOVER** *Charadrius leschenaultii 22*
Common winter visitor to shorelines and mudflats.  Chestnut breastband only present in male
in breeding plumage.

**كركى رمادى** ١١٠ : طائر مهاجر شائع ، يرى فى الحقول الواسعة والمستنقعات ، يطير فى
أسراب كبيرة على شكل حرف ( V ) . له نداء يشبه صوت المزمار.
**كروان الصحراء** ٤١ : طائر مقيم شائع ومهاجر، فى الصحراء والحقول المجاورة للمناطق
الصحراوية . لاحظ وجود شريطان أبيض وأسود على الجناح . له نداء عالى مميز يسمع
ليلا .
**كروان سنغال** ٣٨ : طائر مقيم شائع ، يوجد فى الحقول والحدائق ، وأحيانا فى المدن
والقرى . أصغر من الكروان الصحراوى ، وله شريط أبيض واحد على الجناح . نداءه أكثر
حدة من سابقه ، و يسمع أيضا ليلا .
**الجليل** ٢٣ : طائر مقيم شائع فى الصحراء . يلاحظ فى الطيران اللون الأسود المميز تحت
الجناح وعلى أطرافه . يرى غالبا فرادى أو فى أزواج .
**قطقاط مطوق** ١٨ : طائر مهاجر، وزائر شتوى شائع على الشواطىء والمستنقعات . واليافع
ليس له طوق كامل على الصدر . لاحظ الأرجل الصفراء . غالبا يرى فى أسراب صغيرة .
**قطقاط أسكندرى** ١٨ : طائر مقيم شائع ، زائر شتوى على الشواطىء الرملية . لاحظ طوق
الصدر غير المكتمل والأرجل السوداء .
**قطقاط الرمل الكبير** ٢٢ : طائر مهاجر، وزائر شتوى شائع على الشواطىء والخلجان .
الطوق الصدئى اللون يوجد فقط فى الذكر وقت التزاوج .

2
1
1
3
4
4
5w
5s
7w
6w
7s
6s
SHERIF BAHA

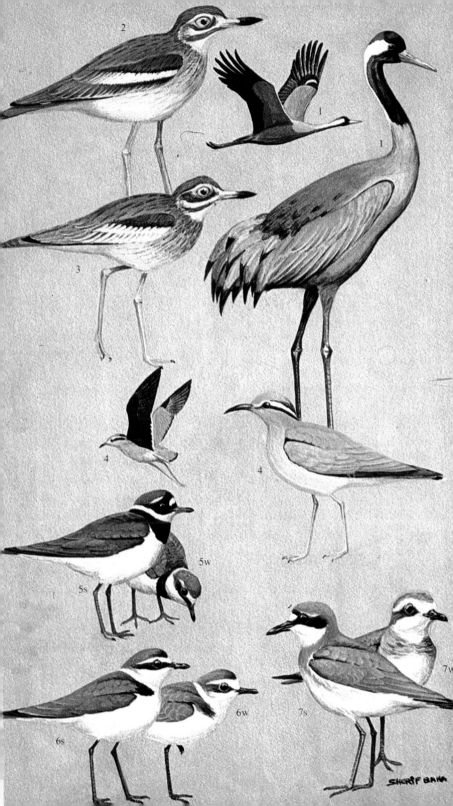

Plate 7    صورة (٧)

1.  SPUR-WINGED PLOVER *Hoplopterus spinosus 28*
Common resident breeding bird in fields and marshes. Call is loud and high-pitched. Usually in pairs or small flocks.

2.  LAPWING *Vanellus vanellus 30*
Very common passage and winter visitor to fields and marshes. Crest and very wide wingtips diagnostic. Call high-pitched and nasal. Usually in flocks.

3.  LITTLE STINT *Calidris minuta 13*
Very common passage and winter visitor to marshes and mudflats. Notice short bill and legs. Usually in tight flocks.

4.  DUNLIN *Calidris alpina 18*
Common passage and winter visitor to marshes and mudflats. Notice rather long, slightly drooping bill. Usually in flocks.

5.  COMMON SANDPIPER *Actitis hypoleucos 20*
Common passage and winter visitor to wateredges. Continuously bobs tail up and down. Usually seen singly or with other shorebirds. Call is loud and shrill. Flies low over water with downward pointing wings.

6.  SNIPE *Gallinago gallinago 27*
Common passage and winter visitor to marshes and wetlands with dense vegetation. Call is a low rasping note given when flushed.

7.  PAINTED SNIPE *Rostratula benghalensis 25*
Rather common resident breeding bird of marshes and densely vegetated watermargins. Large buff spots on wingtips obvious in flight. Female is more brightly colored than male.

**زقزاق بلدى ٢٨** : طائر مقيم ، شائع فى الحقول والمستنقعات . نداؤه عال وحاد . يرى غالبا فى أزواج أو جماعات صغيرة .

**زقزاق أخضر ٣٠** : طائر مـهاجر، وزائر شتوى شائع جداً فى الحقول والمستنقعات . لاحظ ريـش التاج، وطرف الجناح الأسود العريض . نداؤه عال وحاد . غالبا ما يرى فى أسراب .

**فطيرة ١٣** : طائر مهاجر وزائر شتوى شائع جداً فى المستنقعات والشواطىء الطينية ، لاحظ المنقار والأ رجل القصيرة . يرى غالبا فى أسراب متماسكة .

**دريجــــة ١٨** : طائر مهاجر، وزائر شتوى شائع فى المستنقعات وعلى الشواطىء الطينية . لاحظ ان المنقار ـ الطو يل نسبياً ـ منحنى بلطف عند طرفه . يرى فى أسراب .

**طيطـــوى ٢٠** : طائر مهاجر، وزائر شتوى شائع فى المستنقعات والمجارى المائية . يهز ذيله إلى أعلى وأسفل باستمرار . يرى غالبا بمفرده ، أو مع الطيور الخواضة الأخرى . نداؤه عال ورنان . يطير على ارتفاع منخفض جداً فوق الماء ، وتبدو أجنحته مقوسة إلى أسفل .

**بكاشينــــة ٢٧** : طائر مـهاجر، وزائر شتوى شائع فى المستنقعات الكثيفة النبات . يرى بصعوبة شديدة إلا عند طيرانه . وهو يصدر عند طيرانه نداء منخفضاً خشناً .

**بكاشينــة مزوقة ٢٥** : طائر مقيم شائع فى المستنقعات الكثيفة النبات . يتميز عند طيرانه بالنـقط الكـستنائية اللون على الجناح . وعلى عكس معظم الطيور، فان لون الانثى أكثر بريقاً من لون الذكر .

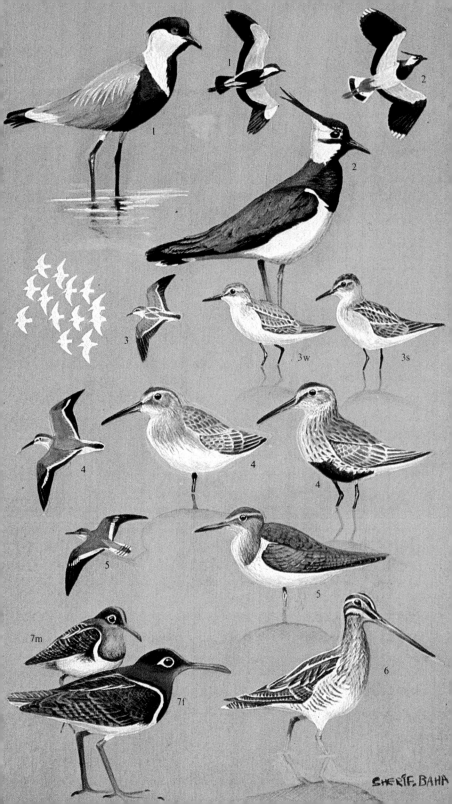

1
1
2
2
3
3w
3s
4
4
4
5
5
6
7m
7f
SHERIF BAHA

## Plate 8 صورة (٨)

1. WHITE-EYED GULL *Larus leucophthalmus 41*
Common resident breeding bird near coral reefs of the Red Sea. Note the striking white ring around white eye. Darker than most other gulls.
2. BLACK-HEADED GULL *Larus ridibundus 36*
Very common winter visitor to areas with open water. Lacks brown hood in winter, but note dark spot behind the eye.
3. SLENDER-BILLED GULL *Larus genei 43*
Rather common resident breeding bird of northern lagoons and common winter visitor to Mediterranean and Red Sea. Notice long, thin bill and elongated shape of head. Often in flocks.
4. HERRING GULL *Larus argentatus 60*
Common winter visitor to Mediterranean coast and lagoons, rarer on Red Sea coast. Immatures have brown plumage.
5. CASPIAN TERN *Sterna Caspia 53*
Rather common resident breeding bird along Red Sea. Notice very large red bill. Like most terns it dives headlong into water for fish.
6. COMMON TERN *Sterna hirundo 36*
Common passage migrant to open bodies of water, especially along coasts in winter. In immatures the forehead is white.
7. LITTLE TERN *Sterna albifrons 23*
Common migrant breeding bird of sandy beaches. Notice small size, short tail and white front.
8. WHITE-CHEEKED TERN *Sterna repressa 33*
Common breeding bird on islands in Red Sea. Underparts look much darker than most other terns.

**نورس أبيض العين ٤١ :** طائر مقيم ، شائع فى مناطق الشعاب المرجانية بالبحر الاحمر. لاحظ الحلقة البيضاء حول العين وهو أدكن من أغلب النوارس الأخرى .

**نورس أسود الرأس ٣٦ :** زائر شتوى ، شائع جداً فى مناطق المياة المفتوحة . فى الشتاء يختفى اللون البنى من على الرأس ، ولكن لاحظ النقطة الداكنة خلف العين .

**نورس قرقطى ٤٣ :** طائر مقيم ، شائع فى البحيرات الشمالية ، وشائع جداً كزائر شتوى إلى البحر الأحمر والمتوسط. لاحظ المنقار الطو يل الرفيع والشكل المستطيل للرأس. يرى غالبا فى أسراب .

**نورس فضى ٦٠ :** زائر شتوى شائع إلى البحر المتوسط، أقل شيوعاً على البحر الأحمر. الطائر اليافع لونه بنى .

**أبو بلحه ٥٣ :** طائر مقيم شائع فى البحر الأحمر، وزائر شتوى. لاحظ المنقار الأحمر الضخم. كبقية خطاطيف البحر يقوم بقذف نفسه من ارتفاع كبير للامساك بالأسماك فى الماء.

**خطاف البحر ٣٦ :** طائر مهاجر، وزائر شتوى شائع فى المياه المفتوحة ، خاصة على طول شواطىء البحر فى الشتاء . وتكون مقدمة الرأس بيضاء فى الطائر اليافع .

**خطاف البحر الصغير ٢٣ :** طائر مقيم ، ومهاجر شائع على الشواطىء الرملية . لاحظ صغر الحجم وقصر الذيل ، ومقدمة الرأس البيضاء .

**خطاف البحر-أبو بطن ٣٣ :** طائر مقيم ، شائع فى البحر الأحمر. الأجزاء السفلية من الطائر تبدو أدكن من خطاطيف البحر الأخرى فى البحر الأحمر. يتناسل على جزر البحر الأحمر الرملية .

1a

1i

1a

2w

2s

2w

2s

3

3

4

5w

3

4

5s

w

8w

6s

6w

7s

8s

sherif Baha.

## *Plate 9* صورة (٩)

1. SPOTTED SANDGROUSE *Pterocles senegallus 33*
Rather common resident breeding bird of desert and dry bush. Usually found in small flocks. Flight is fast and pigoen-like. Usually seen at dawn or dusk near waterholes.
2. ROCK DOVE *Columba livia 33*
Rather common resident breeding bird in mountain areas. Ancestor of the domestic pigeon with which it often mixes. Usually in small flocks.
3. TURTLE DOVE *Streptopelia turtur 27*
Common migrant breeding bird and passage migrant found in large gardens and farmland. Notice rather long tail and lack of spots on lower neck.
4. LAUGHING DOVE *Streptopelia senegallus 26*
Abundant resident breeding bird in towns, villages and oases. Notice black spots on lower neck and rather short tail.
5. SENEGAL COUCAL *Centropus senegalensis 41*
Rather uncommon resident breeding bird found in thick cover near water. Has a cooing song. Secretive in habits.
6. BARN OWL *Tyto alba 34*
Rather common resident breeding bird found in towns and villages. Nocturnal. Call, given at night, is a prolonged screech. Lives on rodents.
7. LITTLE OWL *Athene nocturna 22*
Common resident breeding bird of open farmland and semidesert. Partly diurnal. Has characteristic undulating flight. Call is loud and shrill. Lives on small animals.

**قطا أنقط ٣٣:** طائر مقيم، شائع فى المناطق الصحراو ية وشبه الصحراو ية. يرى غالبا فى جماعات صغيرة، خاصة قرب مصادر المياه. طيرانه قوى و يشابه طيران الحمام.

**حمام جبلى ٣٣:** طائر مقيم، شائع فى المناطق الجبلية. وهو أصل الحمام المستأنس فى المدن. يرى غالبا فى جماعات صغيرة.

**يمام قمرى ٢٧:** طائر مقيم، ومهاجر شائع يرى فى الحقول والحدائق. لاحظ الذيل الطو يل نسبياً.

**يمام مصرى ٢٦:** طائر مقيم، شائع جداً فى المدن والقرى والواحات. لاحظ النقط السوداء حول الرقبة والذيل القصير نسبياً.

**مك ٤١:** طائر مقيم، ومنتشر. يرى فى الحدائق والزراعات الكثيفة والمستنقعات. له نداء عميق مميز. وهو طائر خجول نسبياً.

**بومة مصاصة ٣٤:** طائر مقيم شائع. يوجد فى المدن والقرى. وهو ليلى وله نداء يشبه الصريخ. يتغذى على القوارض.

**بومة أم قويق ٢٢:** طائر مقيم، شائع فى الحقول الواسعة والمناطق شبه الصحراو ية. وهو طائر ليلى قد ينشط فى النهار أيضا، وله طيران متموج مميز. نداؤه عال وخشن. يتغذى على الحيوانات الصغيرة.

1f 1m 1m 2 2 3 3 4 4 4 5 5 6 7

SHERIF BAHA.

*Plate 10*     صورة (١٠)

1. **PALLID SWIFT** *Apus pallidus 16*
Common migratory breeding bird and passage migrant found in towns, villages and mountains. Spends most of its life on the wing. Very fast flier. Best told from swallow by stiff wingbeats and high-pitched, shrieking call.
2. **KINGFISHER** *Alcedo atthis 16*
Rather common winter visitor to lakes, streams and seashores. Plunges headlong into water from perch on branch or stone in its pursuit of fish.
3. **PIED KINGFISHER** *Ceryle rudis 25*
Common resident breeding bird found along the Nile and in lakes and lagoons. Often hovers above water before plunging for fish. Nests in holes dug into river banks.
4. **LITTLE GREEN BEE-EATER** *Merops orientalis 25*
Common migratory breeding bird on farmland. Notice small size and green throat. Hunts insects in the air. Usually seen in small flocks. Bee-eaters nest in holes dug into sandy banks.
5. **BLUE-CHEEKED BEE-EATER** *Merops superciliosus 31*
Rather common migratory breeding bird. Note large size and chestnut throat.
6. **BEE-EATER** *Merops apiaster 28*
Common passage migrant. Notice yellow throat and brown back. Usually in flocks.
7. **HOOPOE** *Upupa epops 28*
Very common resident breeding bird and passage migrant found on farmland and gardens. Raises large crest when excited. Lives on insects and worms.

**سمامة باهتة ١٦:** طائر مقيم شائع، ومهاجر في المدن والقرى والمناطق الجبلية. يقضى معظم حياته طائراً، وهو سريع الطيران جداً. و يتميز عن عصافير الجنة بحركة أجنحته السريعة الصلبة، وندائه العالي الرنان.

**صياد السمك الأخضر ١٦:** طائر مهاجر، شائع في البحيرات والمجارى المائية وشواطىء البحار. يقوم بالغطس وراء فرائسه من الأسماك.

**صياد السمك الأبقع ٢٥:** طائر مقيم شائع، يوجد على طول نهر النيل والبحيرات الشمالية. و يتميز بالتحليق في مكان واحد قبل أن يقذف بنفسه إلى الماء للامساك بفريسته من الأسماك. و يبنى عشه في حفر في جوانب المجارى المائية.

**الخضير المصرى ٢٥:** طائر مقيم شائع في الحقول والحدائق. لاحظ صغر حجمه وزوره الأخضر. يصيد الحشرات في الهواء. يرى غالبا في أسراب صغيرة و يعشش في حفر يصنعها في الأماكن الرملية.

**وروار عراقى ٣١:** طائر مقيم ومهاجر شائع. لاحظ كبر حجمه وزوره الكستنائى اللون.

**وروار ٢٨:** مهاجر شائع. لاحظ الزور الأصفر والظهر البنى. يرى غالبا في جماعات كبيرة في أثناء الهجرة.

**هدهد ٢٨:** طائر مقيم، ومهاجر شائع جداً، يوجد في الحقول والحدائق. و يرفع ريش التاج عند إثارته. يعيش على الحشرات والديدان.

1
2
1
2
3
7
5
4
6
SHERIF BAHA

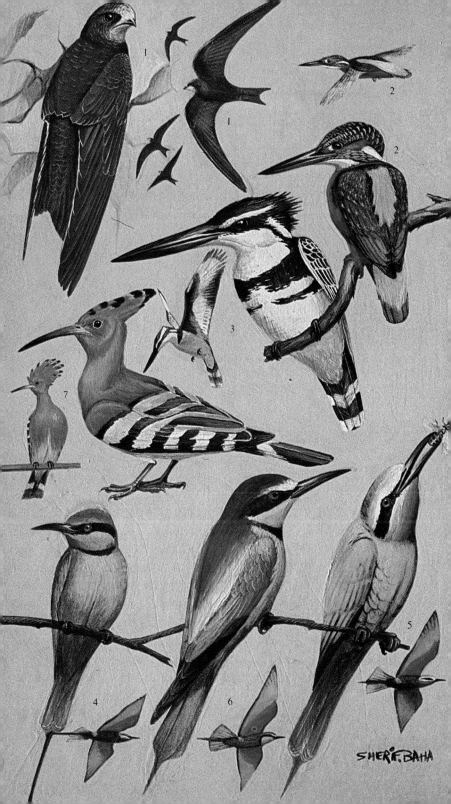

## *Plate 11* صورة (١١)

1. BAR-TAILED DESERT LARK *Ammomanes cincturus 14*
Common resident breeding bird of the desert. In pairs or small flocks.
2. HOOPOE LARK *Alaemon alaudipes 19*
Common resident breeding bird of the desert. Notice striking wing pattern. Song is long and musical.
3. SHORT-TOED LARK *Calandrella cinerea 14*
Very common passage migrant found in fields and deserts, usually in flocks. The call is a sparrow-like chirp.
4. CRESTED LARK *Galerida cristata 16*
Very common resident breeding bird found in fields as well as in villages. Song, sometimes given in flight, is liquid and pleasant.
5. SAND MARTIN *Riparia riparia 12*
Common migratory breeding bird and passage migrant. Nests in colonies in holes dug into sand banks. Lives on insects caught in the air.
6. ROCK MARTIN *Ptynoprogne rupestris 12*
Common resident breeding bird found in mountains.
7. SWALLOW *Hirundo rustica 19*
Very common resident breeding bird and passage migrant. Egyptian subspecies has red, migrants white belly. Builds nest of clay under eaves.
8. TAWNY PIPIT *Anthus campestris 17*
Rather common passage migrant and winter visitor found in fields and semideserts.
9. RED-THROATED PIPIT *Anthus cervinus 14*
Common winter visitor to farmland.

**قنبرة البادية المصرية ١٤:** طائر مقيم، شائع فى المناطق الصحراوية و يرى فى أزواج أو جماعات صغيرة. لاحظ الشريط الداكن على طرف الذيل.
**مكاء ١٩:** طائر مقيم، شائع فى المناطق الصحراوية. لاحظ ألوان الجناح المميزة. له نداء كالصفير.
**قنبرة قصيرة الأصابع ١٤:** طائر مهاجر، شائع جداً فى الحقول والمناطق الصحراوية. يرى غالبا فى أسراب كبيرة. له نداء يشبه نداء العصفور الدورى.
**قنبرة متوجه ١٦:** طائر مقيم، شائع جداً فى الحقول والمناطق شبه الصحراوية. له نداء لطيف وهادىء قد يردده فى أثناء طيرانه.
**سنونو الرمل ١٢:** طائر مقيم، ومهاجر شائع. يعشش فى جماعات كبيرة فى حفر تبنى فى الشواطىء الرملية. و يتغذى على الحشرات الطائرة.
**سنونو الصخور ١٢:** طائر مقيم، شائع فى المناطق الجبلية.
**عصفور الجنة ١٩:** طائر مقيم، شائع جداً ومهاجر. التحت نوع المصرى له بطن صدئية اللون، فى حين أن التحت نوع المهاجر له بطن بيضاء. يبنى عشه من الطين فى الشقوق.
**جشنة الصحراء ١٧:** طائر مهاجر شائع، وزائر شتوى. يوجد فى المزارع والمناطق شبه الصحراوية.
**جشنة حمراء الزور ١٤:** زائر شتوى شائع إلى الحقول والمزارع.

2
1
3
4
5
6
7
8
9s
9w
SHERIF BAH

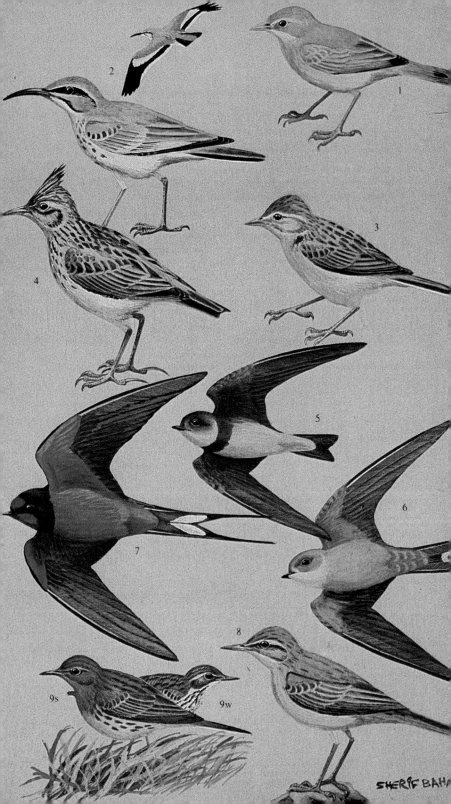

## Plate 12 صورة (١٢)

1. YELLOW WAGTAIL *Motacilla flava 16*
Very common resident breeding bird and passage migrant in fields.
2. WHITE WAGTAIL *Motacilla alba 18*
Abundant winter visitor found in towns, farmland and semidesert.
3. COMMON BULBUL *Pycnonotus barbatus 19*
Very common resident breeding bird in gardens and villages. Song rich.
4. RUFOUS BUSH ROBIN *Cercotrichas galactotes 15*
Common migratory breeding bird found in shrub of gardens and farmland. Musical song often given in flight.
5. BLUETHROAT *Luscinia svecica 14*
Common winter visitor to shrubs near water. Notice rufous base of tail.
6. REDSTART *Phoenicurus phoenicurus 14*
Common passage migrant. Notice red tail. Found in gardens and shrubs.
7. STONECHAT *Saxicola torquata 12*
Common winter visitor found in fields and semidesert.
8. ISABELLINE WHEATEAR *Oenanthe isabellina 16*
Common passage migrant found in open country.
9. WHEATEAR *Oenanthe oenanthe 15*
Very common passage migrant found in open country.
10. MOURNING WHEATEAR *Oenanthe lugens 14*
Common resident breeding bird found in deserts and rocky country.
11. WHITE-CROWNED BLACK WHEATEAR *Oenanthe leucopyga 17*
Common resident breeding bird of rocky areas.

**أبو فصاده أصفر ١٦ :** طائر مقيم، ومهاجر شائع جداً. و يرى بكثرة فى الحقول.

**أبو فصاده أبيض ١٨ :** طائر مهاجر، وزائر شتوى شائع جداً فى المدن والحقول والمناطق الشبه الصحراو ية.

**بلبل ١٩ :** طائر مقيم، وشائع جداً فى الحدائق والقرى. له غناء غنى ولطيف.

**دخله حمراء ١٥ :** طائر مقيم، ومهاجر شائع فى الحدائق والحقول. له نداء عذب يردده فى طيرانه.

**الحسينى ١٤ :** زائر شتوى، ومهاجر شائع فى الحقول و بجوار المستنقعات. لاحظ الزور الأزرق وقاعدة الذيل الحمراء.

**حميراء ١٤ :** طائر مهاجر شائع. يرى فى الحقول والمناطق شبه الصحراو ية. لاحظ الذيل الاحمر.

**قليعى مطوق ١٢ :** زائر شتوى شائع. يرى فى الحقول والمناطق شبه الصحراو ية.

**أبلق أشهب ١٦ :** طائر مهاجر، وزائر شتوى شائع فى المناطق شبه الصحراو ية والصحراو ية.

**أبلق ١٥ :** طائر مهاجر شائع جداً، و يرى فى الحقول الواسعة والمناطق الصحراو ية.

**أبلق حزين ١٤ :** طائر مقيم شائع، و يوجد فى المناطق الصحراو ية والجبلية.

**أبلق أسود أبيض الرأس ١٧ :** طائر مقيم، شائع فى المناطق الجبلية والصحراو ية.

1s
1w
3m
2w
2s
3
4
5m
5f
6m
6f
7m
7f
9
8
11
10
SHERIF

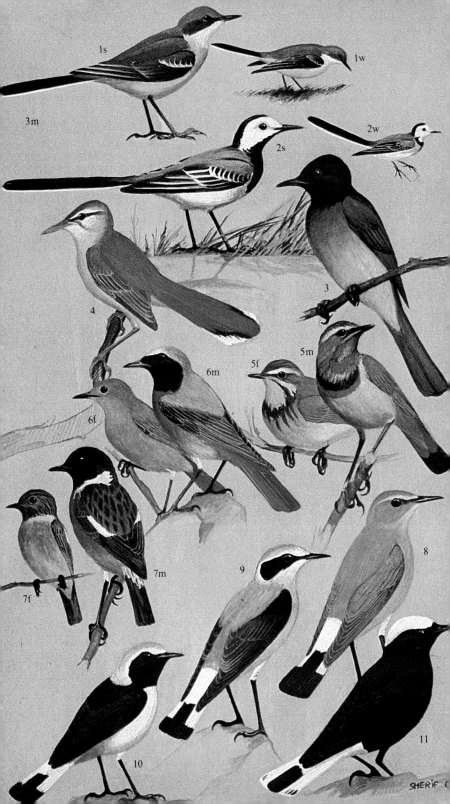

## *Plate 13* صورة (١٣)

1. SONG THRUSH *Turdus philomelos 23*
Common winter visitor found in gardens and shrubs.
2. FAN-TAILED WARBLER *Cisticola juncidis 10*
Very common resident breeding bird of dense vegetation of freshwater margins, gardens and farmland. Repetitive chirping song given in flight.
3. GRACEFUL WARBLER *Prinia gracilis 13*
Common resident breeding bird of dry vegetation in gardens and farmland.
4. CLAMOROUS REED WARBLER *Acrocephalus stentoreus 18*
Common resident breeding bird in reedbeds. Song is loud and musical.
5. OLIVACEOUS WARBLER *Hippolais pallida 14*
Common migratory breeding bird of gardens, bushy farmland and semidesert. Song musical and varied.
6. SARDINIAN WARBLER *Sylvia melanocephala 14*
Common winter visitor and rare resident breeding bird of gardens and shrubs. Song musical.
7. LESSER WHITETHROAT *Sylvia curruca 13*
Common passage migrant and winter visitor found in gardens and shrubs.
8. CHIFFCHAFF *Phylloscopus collybita 11*
Very common winter visitor found in gardens and shrubs.
9. NILE VALLEY SUNBIRD *Anthreptes metallicus M 15 F 10*
Common resident breeding bird of gardens.
10. GOLDEN ORIOLE *Oriolus oriolus 24*
Common passage migrant in gardens and trees.

**سمنة مطربة ٢٣ :** زائر شتوى، شائع فى الحدائق والحقول.

**هازجة مروحية الذنب ١٠ :** طائر مقيم، شائع جداً فى الحقول الواسعة، والمستنقعات كثيفة النبات. له نداء مميز وحاد يردده فى أثناء طيرانه.

**هازجة رشيقة ١٣ :** طائر مقيم وشائع، يرى فى الحقول والحدائق ومناطق المستنقعات.

**هازجة الغاب المصرية ١٨ :** طائر مقيم، وشائع فى مناطق الغاب والمستنقعات. له نداء موسيقى عال.

**خنشع الزيتون ١٤ :** طائر مقيم، ومهاجر شائع فى الحدائق. له نداء موسيقى متميز.

**هازجة رأساء ١٤ :** طائر مقيم نادر، ومهاجر شائع فى الحدائق والمناطق شبه الصحراوية. له نداء خشن عالى.

**هازجة فيرانى ١٣ :** طائر مهاجر شائع جداً، وزائر شتوى قليل فى الحدائق والحقول.

**سكسكة ١١ :** زائر شتوى شائع جداً. يرى فى الحدائق والحقول.

**تمير وادى النيل ١٠ :** طائر مقيم شائع فى الحدائق.

**صفير ٢٤ :** طائر مهاجر، شائع فى الحدائق وحيث توجد الأشجار الكبيرة.

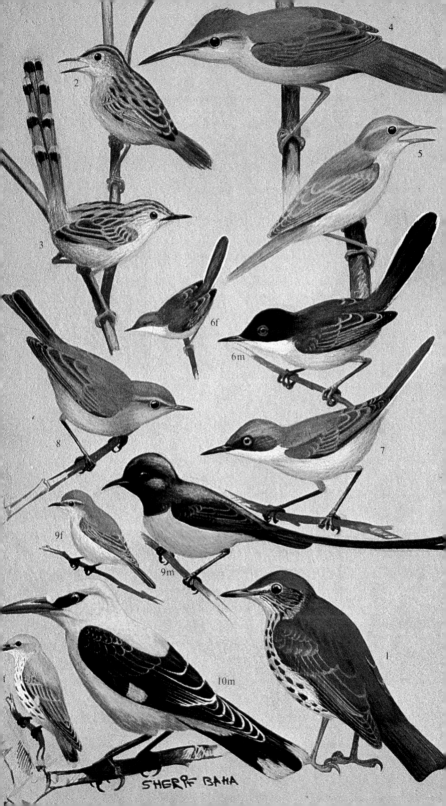

4
2
5
3
6f
6m
8
7
9f
9m
1
f
10m
SHERIF BAHA

## *Plate 14* صورة (١٤)

1. RED-BACKED SHRIKE *Lanius collurio 17*
Common passage migrant found in dry, bushy areas. Lives on insects which it sometimes impales on thorns.
2. GREAT GREY SHRIKE *Lanius excubitor 47*
Common resident breeding bird in dry, bushy areas.
3. MASKED SHRIKE *Lanius nubicus 17*
Common passage migrant in dry bush.
4. CARRION CROW *Corvus corone 47*
Very common resident breeding bird of farmland and village. Often in small flocks. Omnivorous.
5. BROWN-NECKED RAVEN *Corvus ruficollis 50*
Common resident breeding bird of desert. Nests in trees. Usually in pairs
6. STARLING *Sturnus vulgaris 21*
Common winter visitor to farmland and gardens. In large flocks.
7. HOUSE SPARROW *Passer domesticus 15*
Abundant in towns and villages.
8. GOLDFINCH *Carduelis carduelis 15*
Common resident breeding bird. Common winter visitor to farmland in small flocks.
9. LINNET *Carduelis cannabina 14*
Common winter visitor to famland. Often in large flocks.
10. CORN BUNTING *Miliaria calandra 18*
Common winter visitor to farmland in Lower Egypt.

**دقناش صردى ١٧ :** طائر مهاجر، شائع فى الحقول والمناطق شبه الصحراو ية. يتغذى على الحشرات التى يرشقها على أشواك النباتات.
**دقناش رمادى ٤٧ :** طائر مقيم، شائع فى المناطق شبه الصحراو ية والحقول القريبة من الصحراء.
**دقناش نوبى ١٧ :** طائر مهاجر، شائع فى الحقول والمناطق شبه الصحراو ية.
**غراب بلدى ٤٧ :** طائر مقيم، شائع جداً فى الحقول والمدن. يرى فى جماعات صغيرة، و يتغذى على الحيوانات الصغيرة ومواد نباتية مختلفة.
**غراب البين ٥٠ :** طائر مقيم، وشائع فى الصحراء والمناطق الجبلية، و يبنى عشه فى الأشجار. يرى غالبا فى أزواج أو جماعات صغيرة.
**زرزور ٢١ :** زائر شتوى، شائع فى الحقول والحدائق فى الدلتا. غالبا فى أسراب كبيرة.
**عصفور دورى ١٥ :** طائر مقيم، شائع جداً ومنتشر فى المدن والقرى.
**عصفور حسون ١٥ :** طائر مقيم، شائع فى الحدائق والحقول، وزائر شتوى.
**عصفور تفاحى ١٤ :** زائر شتوى، شائع فى الحقول والحدائق. يرى أحياناً فى أسراب كبيرة.
**درسة ١٨ :** زائر شتوى، شائع فى حقول الدلتا.

2
3
1
6a
6i
7f
7m
9f
8
9m
10
5
4
SHERIF.BAHA

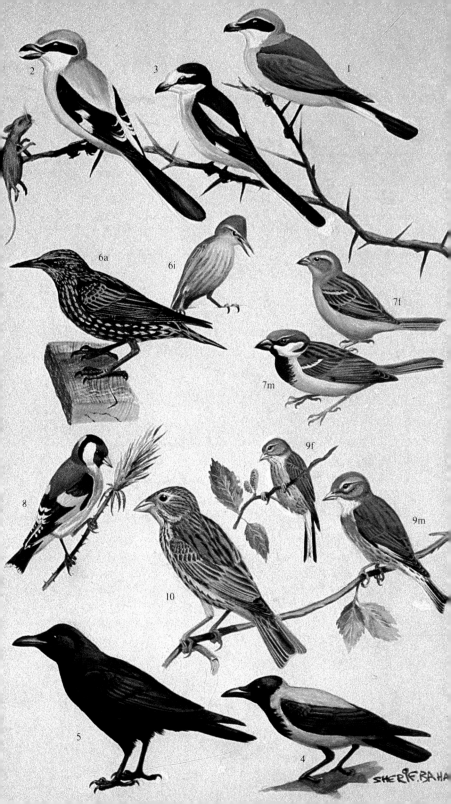

**صورة (١٣)**

١ ــ سمنة مطربة
٢ ــ هازجه مروحية الذنب
٣ ــ هازجه رشيقة
٤ ــ هازجة الغاب المصرية
٥ ــ خنشع الزيتون
٦ ــ هازجة رأساء
٧ ــ هازجه فيرانى
٨ ــ سكسكة
٩ ــ تمير وادى النيل
١٠ ــ صفير

**صورة (١٤)**

١ ــ دقناش صردى
٢ ــ دقناش رمادى
٣ ــ دقناش نوبى
٤ ــ غراب بلدى
٥ ــ غراب البين
٦ ــ زرزور
٧ ــ عصفور دورى
٨ ــ عصفور حسون
٩ ــ عصفور تفاحى
١٠ ــ درسه

الرقم الذى يتبع اسم الطائر يمثل المسافة بالسنتيمتر من منقار الطائر الى ذيله.

الحروف الانجليزية التى تتبع الارقام التى على الصور تعنى:

| | |
|---|---|
| m | ذكر |
| f | انثى |
| s | صيف |
| w | شتاء |
| a | كبير |
| i | يافع |

## صورة (٧)

١ – زقزاق بلدى
٢ – زقزاق أخضر
٣ – فطيره
٤ – دريجه
٥ – طيطوى
٦ – بكاشينه
٧ – بكاشينه مزوقه

## صورة (٨)

١ – نورس أبيض العين
٢ – نورس اسود الرأس
٣ – النورس قرقطى
٤ – نورس فضى
٥ – أبو بلحه
٦ – خطاف البحر
٧ – خطاف البحر الصغير
٨ – خطاف البحر أبو بطن

## صورة (٩)

١ – قطا أنقط
٢ – حمام جبلى
٣ – يمام قمرى
٤ – يمام مصرى
٥ – مــك
٦ – بومه مصاصه
٧ – بومه أم قويق

## صورة (١٠)

١ – السمامه الباهته
٢ – صياد السمك الاخضر
٣ – صياد السمك الابقع
٤ – الخضير المصرى
٥ – الوروار ـ العراقى
٦ – الوروار
٧ – هـــدهد

## صورة (١١)

١ – قنبرة البادية المصرية
٢ – مكاء
٣ – قنبره قصيرة الاصابع
٤ – قنبره متوجه
٥ – سنونو الرمل
٦ – سنونو الصخور
٧ – عصفور الجنة
٨ – جشنه الصحراء
٩ – جشنه حمراء الزور

## صورة (١٢)

١ – أبو فصاده أصفر
٢ – أبو فصاده أبيض
٣ – بلبل
٤ – دخلة حمراء
٥ – حسينى
٦ – حميراء
٧ – قليعى مطوق
٨ – ابلق اشهب
٩ – ابلق
١٠ – ابلق حزين
١١ – الابلق الاسود أبيض الرأس

# قائمة بأنواع الطيور المدروسة فى هذا الكتاب

## صورة (١)

١ ــ غطاس متوج
٢ ــ غطاس أسود الرقبة
٣ ــ غراب البحر
٤ ــ بجع ابيض
٥ ــ لقلق ابيض
٦ ــ بشاروش

## صورة (٢)

١ ــ واق ابيض
٢ ــ ابو قردان
٣ ــ بلشون الصخر
٤ ــ بلشون ابيض
٥ ــ بلشون رمادى
٦ ــ بلشون ارجوانى

## صورة (٣)

١ ــ أوز مصرى
٢ ــ بط صواى
٣ ــ بط شرشير
٤ ــ بط بلبول
٥ ــ بط شرشير صيفى
٦ ــ بط كيش
٧ ــ بط حمراى

## صورة (٤)

١ ــ حوام النحل
٢ ــ كوهيه
٣ ــ حدأة سوداء
٤ ــ رخمه مصرية
٥ ــ مرزة المستنقعات
٦ ــ صقر حوام
٧ ــ صقر جراح
٨ ــ عقاب نسارية

## صورة (٥)

١ ــ صقر الجراد
٢ ــ صقر حـر
٣ ــ حجل الرمل
٤ ــ سمان
٥ ــ مرعة الماء
٦ ــ دجاجة الماء
٧ ــ دجاجة الماء الارجوانية
٨ ــ الغـر

## صورة (٦)

١ ــ كركى رمادى
٢ ــ كروان الصحراء
٣ ــ كروان سنغالى
٤ ــ الجليل
٥ ــ قطقاط مطوق
٦ ــ قطقاط اسكندرى
٧ ــ قطقاط الرمل الكبير

إن مشاهدة الطيور هواية يمكن أن يتمتع بها كل الناس، ومن كل الاعمار وهى تجازيهم جميعا من المبتدىء إلى الخبير المتخصص.

إذا اردت معلومات اضافية عن الطيور والحيوانات البرية فى مصر الرجاء الاتصال بـ:

مدير مشروع حماية الحياة البرية
حديقة الحيوانات بالجيزة
الجيزة ــ مصر

رئيس / الجمعية المصرية لعلم الطيور
طرف شريف بهاء الدين
٤ شارع اسماعيل المازنى شقة ٨
هليو بوليس ــ القاهرة ــ مصر

## المحافظة على الطيــور:

مـع الـتنمية السريعة، فان مقاييس خاصة يجب أن تتخذ لحماية البيئة كلها وليس فقط الطيور.

فـكـثيراً من أنواع الطيور قد اختفت من مصر، وعدد أكبر مهدد بالاختفاء، وتناقص عدد الـطيـور الـجـارحـة حـتـى أصبـح ضـئيـلا بـسبب الاستعمال المتزايد لمبيدات القوارض والمبيدات الحشرية.

وتـنـاقـصت أعداد البط والطيور الأكبر الأخرى بسبب الصيد. كذلك فان صيد السمان بـطريقة غير موجهه، يقلل أعداد هذا النوع. وأيضا فان القنص الغير قانونى للصقور يشكل خطراً على هذه الانواع التى تتوارى أعدادها بصورة أسيفة.

ان المـواطـن المـخـتـلـفـة لـلـطيور وخاصة بالاراضى الرطبة، مهددة بواسطة مشروعات الـصرف والـتجفيف. ولتحديد الضرر فقد وضعت قوانين حديثة لحماية الطيور، وتطبق هذه الـقـوانـيـن بـكـفـاية أكثر. وتنشأ الحدائق الأهلية والمحميات لحماية المناطق المعرضة للضرر بصفة خاصة.

و بـالـرغـم مـن ذلـك فـان الاكـثـر أهمية هو الانتباه العام للاخطار التى تـهدد بيئتنا، ومن خلال ذلك تهددنا. هذا الكتاب يأمل أن يثير هذا الانتباه.

## هواية مشاهدة الطيور:

إن الـنـظـر لـلـطـيـور، ودراسـة طرقها، يعطى سروراً عظيماً. وهو فى متناول الجميع، حيث تتواجد الطيور فى كل مكان.

والـطـيـور فى مـنـطـقـة مـعـيـنـة، تـختلف من شهر إلى شهر ومجرد التجول فى المناطق القريبة، يمكن أن يعطى الفرصة لمشاهدة أنواع مختلفة من الطيور.

والادوات الـوحـيـدة اللازمة لمشاهدة الطيور هى الأعين والآذان الحادة، وكذلك فان النظارات المعظمة تساعد كثيراً. ومشاهد الطيور المتمرس يحتاج لمرشد يحوى كل طيور مصر (أنظر المراجع).

وتستوطن الطيور المكيفة لحياة الصحراء مساحات واسعة من الصحراء المصرية. فهناك طيور مثل المكاء، وقنبرة البادية المصرية، تتواجد داخل معظم الصحارى المصرية، وهى قد تكيفت بصورة خاصة لتعيش تحت أقصى الظروف الصحراو ية.

ان الموقع الجغرافى الفريد لمصر كجسر عبور بين ثلاث قارات: أورو با، آسيا، أفريقيا، هو سبب تواجد ملايين الطيور المهاجرة بكثافة فى هذه المنطقة.

ففى كل خريف ور بيع تمر آلاف الملايين من الطيور المهاجرة عبر مصر، آتية من مواطنها الأصلية، خاصة من اسكندنافيا، وشرق أورو با، والبلقان وسيبيريا، ووسط آسيا، وذلك فى طريقهم من وإلى شرق وجنوب أفريقيا.

ان الطيور المحلقة مثل البجع الابيض واللقلق الابيض والطيور الجارحة الكبيرة لها طرق واضحة للهجرة مستخدمة تيارات الهواء الدافئة الصاعدة المناسبة للتحليق.

ولما كانت هذه التيارات الهوائية الدافئة لاتتكون كثيراً فوق المياه، بحثت الطيور عن ممرات مائية قصيرة. و بالطبع أصبح البحر الاحمر والابيض يمثل حاجزا للطيور المحلقة، لذا فان كثيرا من الطيور المحلقة قد تركزت فى سيناء كمنطقة اتصال بين أوراسيا وأفريقيا.

وفى الشتاء تستضيف مصر كماً هائلا من الطيور، و بصفة خاصة الطيور المائية، حيث تمثل بحيرات شمال الدلتا مأوأ رئيسياً لانواع عديدة من البط والطيور المائية الخواضة المشتية بمنطقة البحر الابيض المتوسط.

ان هذا الكتاب قد صمم للمساعدة فى التعرف على الطيور الشائعة فى مختلف البيئات الطبيعية بواسطة الرسوم التوضيحية الملونة لنخبة كبيرة منها.

والنص البسيط يهدف لتوفير مقدمة عامة عن كل طائر من حيث بيئته، ومناطق تواجده وحالته.

# مقدمـــــة

تشغل مصر مساحة مليون كيلو متر مربع فى الركن الشمالى الشرقى للقارة الأفريقية، وهى تتمتع بموقع استراتيجى جغرافى كجسر بين القارات، ولها شواطىء طويلة على كل من البحر الابيض المتوسط والبحر الاحمر، وتضاريس أرضها تتفاوت بين سلاسل جبال شاهقة ومسطحات رملية، ومنخفضات شاسعة.

ويوجد فى مصر أنماط مختلفة من البيئات الطبيعية، التى قد تختلف اختلافاً يكون أحياناً ملفتاً للنظر، كما هو الحال فى التناقض الكبير بين وادى النيل والدلتا من جانب، والصحارى المحيطة بها من الجانب الآخر.

وتقع مصر عموماً فى قلب واحد من أكبر المساحات الجافة فى العالم، ولكن جغرافية وتضاريس مصر بصفة خاصة، قد سمحتا بوجود تدامج فريد من البيئات الطبيعية مجتمعة.

وان الجمع بين الوضع الجغرافى الفريد، والبيئات الطبيعية المختلفة فى مصر كان له أهمية خاصة لنوعيات كثيرة من حياة الطيور ومن بين الـ٤٣٠ نوعا من الطيور المتواجدة فى مصر، يوجد حوالى ١٥٠ نوعا من الطيور المقيمة، والباقى إما مهاجرة أو زائرة شتويه.

والطيور المقيمة بمصر ننتمى أساسا لمنطقتى «حياة جغرافية» هما الشبه متجمدة، والأثيوبية. وأن أغلب الطيور القيمة منحصرة فى المساحة الخضراء لوادى النيل والدلتا، ولبعض واحات الصحراء الغربية ـ وهذه تتكون غالبا من الطيور المغردة والطيور المائية.

أما فى جبال سيناء والصحراء الشرقية فهناك طيور مقيمة كثيرة، هى غالبا طيور شبه صحراوية، وقليل من الطيور الجبلية النموذجية. وأيضا يوجد كثير من أنواع الطيور الجارحة ـ ويوفر البحر الاحمر بنظمه البيئية الغنية بيئة طبيعية مناسبة لخمسة عشر نوع من الطيور مائية والطيور بحرية.

# تصدير

هذا كتاب يستحق منا كل الترحيب، فهو يقدم لنا وصفا موجزا باللغتين العربية والانجليزية، لكل من الطيور الشائعة فى مصر. هذا الوصف، بالاضافة إلى الرسوم الواضحة، يعين القارىء على التعرف على الطيور التى يشاهدها فى بيئته. وقد لاحظت العشيرة العلمية المعنية بصون الطبيعة فى مصر قلة الكتب التى تفيد المدارس، ونوادى الشباب، على اشاعة الاهتمام بالتاريخ الطبيعى، و بالانشطة الحقلية، التى ترتبط بالبيئة. وقد تقدم المؤلف برتل برون، والفنان الرسام شريف بهاء الدين بهذا الكتاب، الذى ستجد فيه المدارس العون على انشاء جمعيات لهواة ملاحظة الطيور، وهواة رسم الطيور.

والمأمول ان يكون هذا الكتاب فاتحة لكتب تالية، تتناول المجموعات الاخرى من الطيور، والمجموعات الاخرى من فصائل الحيوان والنبات. وتكون منها مادة تملأ فراغاً واضحاً فى الأدوات التعليمية المتاحة. شكراً للمؤلف والفنان الرسام، وتحية إلى سائر الافراد والمؤسسات التى عاونت على نشر هذا الكتاب.

**محمد عبد الفتاح القصاص**
**رئيس مجلس بحوث البيئة**
**اكاديمية البحث العلمى والتكنولوجيا**

**القاهرة مايو ١٩٨٤**

# شكـــــر

نتج هذا الكتاب من جهد تعاونى ملحوظ بين الهيئتين المذكورتين فى الصفحة الثانية. وهدفه هو المساعدة فى التعريف بالمائة طائر الشائعة الرؤية فى مصر، وفى جذب الاهتمام إليها.

والأنواع المختلفة من الطيور التى تم تسجيلها فى مصر ٤٣٠ نوعاً. منها حوالى ١٥٠ نوعاً، من المعروف أنها تستوطن مصر.

وأنه من المأمول أن يلهم هذا المجلد الصغير البعض أن يتعهدوا بدراسة الطيور، و يساعد الكثيرين على التمتع بالطيور المحيطة بنا.

وفى عملنا لاصدار هذا الكتاب، تلقينا مساعدات سخية، ومعونات من كثيرين، نذكر منهم على وجه الخصوص: مستر دافيد أ. فرجسون، والاستاذ صلاح جلال، والدكتور حسن حافظ، والدكتور مصطفى كامل حلمى، والدكتور حسن اسماعيل، والدكتور محمد القصاص، ومستر لورنس ن. ماسون، ومستر بيتر. ل. مييننجر، مستر و يم. س. مولييه.

نريد أن نعبر عن الشكر والاعتراف بالجميل لهؤلاء جميعاً وغيرهم.

# المحتو يـــات

تصدير ٥

شكر ٥

مقدمة ٧

المحافظة على الطيور ٩

مشاهدة الطيور ٩

قائمة بأنواع الطيور المدروسة فى هذا الكتاب ١١

وصف اللوحات 12

نشر بـالتعاون بين وكالة حماية الحياة البرية الامريكية وصندوق المحافظة
على الأراضى المقدسة عام ١٩٨٥

حقوق النشر محفوظة لقسم النشر بالجامعة الامريكية بالقاهرة
١١٣ شارع القصر العينى
القاهـرة ـ مـصر

طبعة سادسة ١٩٨٨

رقم دار الكتب  ٢٠٦٠/ ٨٥
الترقيم الدولى ٦ ٠٦٢ ٤٢٤ ٩٧٧

# طيـور مصر الشائعـة

## تأليف
برتــل بــرون

## رسـوم
شريف بهاء الدين

قسم النشر
بالجامعة الامريكية بالقاهرة